AF247842

DE LA REPRÉSENTATION

NATIONALE

CHEZ UN PEUPLE LIBRE.

Je déclare contrefaits les exemplaires non revêtus de ma signature.

Louvet

DE LA
REPRÉSENTATION
NATIONALE

CHEZ UN PEUPLE LIBRE;

Opuscule dédié à la Nation Française;

Par LOUVET,

FILS D'UN DÉPUTÉ A LA FÉDÉRATION (14 Juillet 1790).

Dieu protecteur ! ne retire pas le bras qui nous appuie, guide nous, marche devant les amis des peuples ; peut-être ceux-ci ne sont pas tous ingrats.

J.-B. LOUVET , *de l'Institut,* l'un des représentans proscrits sous la Terreur (31 mai 1793). *Mémoires écrits dans les cavernes du Mont-Jura.*

PARIS,
CHEZ LES MARCHANDS DE NOUVEAUTÉS.
1823.

À la Nation Française.

NATION grande et généreuse, daigne agréer mon hommage ; il est digne à la fois d'un homme libre et d'un peuple héroïque, ou les élans de mon cœur ont cruellement trahi ma confiance ! Oui, j'en jure par la gloire qui s'attache à ton nom, par l'indépendance qui dirige mes efforts, je brûle pour toi de l'amour le plus pur ; ton bonheur peut seul assurer le mien, car je t'ai voué mon existence et mes facultés.

O France ! ô ma Patrie ! puisse la providence ne pas permettre que tes enfans, tes défenseurs soient réduits à s'écrier douloureusement avec Brutus : *Vertu ! tu n'es qu'un vain nom !*

———

AVERTISSEMENT.

La *tendance* du gouvernement dans l'application des lois sur la liberté de la presse, ne me permettant pas de publier, en ce moment, un ouvrage assez considérable, dont nos troubles révolutionnaires m'ont fourni le sujet, j'extrais de mon travail quelques considérations générales qui peuvent s'appliquer particulièrement à l'état actuel des choses. Les vrais principes sont de toutes les époques, de tous les climats; en vain, les hommes chargés de la destinée des peuples cherchent à les égarer dans les sentiers tortueux du machiavélisme; forts de nos droits que nous tenons pour imprescriptibles, le courage ne nous abandonnera jamais; nous serons libres même dans les fers. Il est une force morale contre laquelle viennent s'émousser les armes acérées du despotisme, c'est l'opinion, reine dominatrice de l'univers : on ne la brave point impunément; si quelquefois on parvient à l'étouffer, semblable au Phénix, elle renaît de ses cendres.

Dévoué, par conviction, à la défense des principes constitutionnels, prêt à verser mon sang pour la patrie, j'entre dans la lice au moment où le pouvoir menace ouvertement nos libertés publiques et privées.

Si l'on veut opérer la contre-révolution, il faut nous attendre à d'affreuses destinées ; le combat peut devenir sanglant. Puisse le génie conservateur des peuples généreux, puisse le génie de la France combler l'abîme dans lequel on veut nous précipiter ! Que les meneurs imprudens d'une faction anti-nationale reculent devant leurs projets liberticides ; qu'ils rentrent dans les voies de la justice et de la modération ; qu'ils songent surtout que leurs manœuvres peuvent donner naissance à l'hydre dévorante de l'anarchie, et qu'alors, il n'y aura plus de salut pour personne : l'échafaud placera tour-à-tour sous le même niveau les hommes les plus opposés. C'est la marche ordinaire des révolutions. *Malheur aux vaincus.*

DE LA REPRÉSENTATION

NATIONALE

CHEZ UN PEUPLE LIBRE.

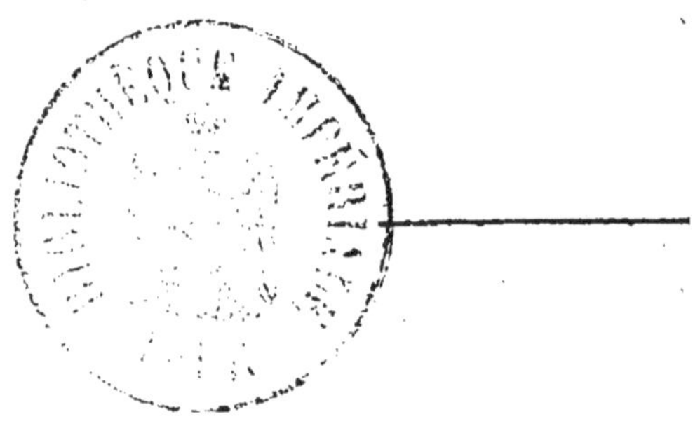

LES germes de la liberté sont impérissables; ils se développent en raison du progrès des lumières : telle est l'expérience de tous les siècles. Il appartenait donc aux peuples éclairés de revendiquer leurs droits méconnus et d'assurer, sur des bases solides, l'exercice de ces droits. L'oppression excita la révolte; la volonté générale se manifesta; le gouvernement représentatif fut créé pour le bonheur des peuples, la leçon des tyrans et la honte des esclaves.

Ce gouvernement tant décrié par des hommes qui réclament, au nom de la légitimité, les servitudes et les humiliations de la féodalité, les priviléges et les préjugés de l'aristocratie, doit être considéré comme le plus grand effort de l'esprit humain, dans l'application des principes du droit politique. Cette organisation sociale, fruit des combinaisons les plus ingénieuses à la fois et les plus simples, est aujóurd'hui l'amour et l'espoir des nations.

L'Europe et l'Amérique ont soif de liberté; leur prospérité, leur existence sont attachées à la possession de ce bien précieux. Il n'est au pouvoir d'aucune puissance humaine d'arrêter la marche du siècle. Des obstacles peuvent retarder le jour de la victoire, mais il faut, tôt ou tard, que la liberté triomphe, plus ou moins chèrement achetée : les peuples généreux ne mesurent point leur sang, quand il s'agit de la conquête de leurs droits. Cet état de choses prend sa source dans le perfectionnement de la civilisation.

L'homme éclairé, jettant un regard sur les élémens de la société, n'a pas eu besoin de réfléchir long - temps pour reconnaître que le hasard seul de la naissance et de la fortune, pouvait l'avoir placé dans une situation diffé- rente de ses semblables ; de là l'idée d'éga- lité. Il n'est point ici question de cette égalité politique, de cette égalité de fait qu'il faut qualifier de chimérique, mais bien de l'égalité civile, de l'égalité de droit qui appartient in- contestablement à tous les individus de la fa- mille humaine, réunis en sociétés.

Ainsi conçue, l'égalité se trouve placée à la sommité de l'échelle des droits naturels : l'homme a dû par degrés monter à cet éche- lon pour se trouver à la hauteur de son être ; alors il a mesuré l'étendue et l'enchaînement des devoirs sociaux, et s'il est descendu pour se confondre dans la masse, il n'a pas perdu de vue le point de départ.

L'égalité participe à la fois de la nature humaine et de la justice divine. Elle n'a point pour but le bouleversement des empires, puisque sur elle s'appuie le gouvernement représentatif constitu- tionnel, le seul qui puisse offrir des garanties réelles et durables aux anciennes monarchies. Elle ne

tend point à désunir les sociétés, puisqu'au-
contraire elle exige que les individus sacri-
fient à la communauté la somme de leurs facultés ; d'où il résulte nécessairement que cha-
cun s'intéressant au bien-être général, il existe
un principe actif de vie qui s'oppose à la dissolution.

C'est en vertu de l'égalité, que les hommes
réunis en sociétés ont voulu s'occuper eux-
mêmes du soin de leurs intérêts : mais comme
ils ont senti que, dans un grand état, il serait
impossible que tous délibérassent, il a fallu recourir à l'établissement d'une représentation nationale, chargée de discuter les intérêts com-
muns, pour l'avantage du plus grand nombre.
Rien de plus naturel, car la raison et la justice veulent que les sociétés soient gouvernées
dans l'intérêt des masses et non dans le but
de satisfaire les passions d'une famille ou l'ambition des grands ; ainsi donc, le gouvernement
représentatif, dont le propre est d'assurer ces
conditions, se trouve en parfaite harmonie avec
la raison et la justice.

Comment imaginer que les constitutions des

peuples régénérés puissent trouver des enne-
mis acharnés à leur destruction, si nous ne sa-
vions qu'il est des hommes cruels dont l'ave-
nir se fonde sur le passé. Le sceptre de fer
échappé de leurs mains coupables est devenu
le criminel objet de leurs regrets et de leurs
espérances. Dans cet état de choses, un peuple
mû par le sentiment de sa dignité ne doit né-
gliger aucuns moyens pour reprendre ou conserver la possession de ses droits.

Sans doute il est honorable de se reposer sur
la justice de sa cause ; cependant, au point où
nous sommes, s'arrêter à cette idée serait une
grande imprudence qui pourrait attirer sur
nous les plus terribles calamités. La contre-révolution montre sa tête hideuse ; il faut, par
une attitude calme, mais imposante, réduire à
l'impuissance du crime prévenu les efforts
renaissans de l'aristocratie. N'hésitons point à
le déclarer, la liberté sera toujours attaquée,
à moins qu'elle ne trouve au sein de la représentation nationale un sanctuaire impéné-
trable au poignard des assassins, un asile assuré
contre la hache des bourreaux.......

Dans un gouvernement constitutionnel , le seul qui soit digne d'un peuple libre, la représentation nationale, que j'appellerai tour à tour *pouvoir électif* ou *corps électif,* exige deux conditions rigoureusement indispensables à son existence : indépendance de la part des électeurs, inviolabilité dans la personne des élus. Ces principes semblent être consacrés par les constitutions modernes ; cependant, si nous consultons les fastes parlementaires des nations dont l'énergie à secoué le joug du pouvoir absolu, nous reconnaissons presque toujours l'insuffisance des garanties contre les envahissemens du pouvoir ; les gouvernans sortent du cercle de leurs droits hors lequel il n'existe plus qu'arbitraire et despotisme ; ils méconnaissent leurs devoirs envers la société qui leur a confié ses intérêts : oubliant qu'ils ne sont que dépositaires, ils se constituent régulateurs suprêmes de nos destinées.

Ce vice radical des institutions, qui prend sa source dans le déplacement de la véritable souveraineté, se developpe en s'appuyant sur des maximes funestes dont l'effet est de briser les liens qui doivent constamment unir la morale avec la politique. L'ambition, l'injustice, la ruse, la violence; tels sont les moyens employés pour le maintien d'une puissance usurpée, moyens affreux qui appellent à leur destruction le patriotisme des peuples.

Un système électoral qui reposerait sur les doubles bases de la liberté et de l'égalité suffirait seul pour prévenir toute atteinte portée à la représentation nationale; car l'élection libre des représentans est la pierre angulaire du gouvernement constitutionnel. C'est donc à perfectionner ce premier élément d'organisation sociale que doivent tendre les efforts des peuples civilisés.

La constitution seule doit tracer le cercle des devoirs et des droits du corps électoral: il n'appartient à aucun pouvoir d'entraver sa marche; il doit exister en vertu de la loi fondamentale, sans avoir rien à redouter de la législation proprement dite. Ces principes sont applicables au gouvernement représentatif, soit que la représentation nationale exerce seule la puissance législative, soit qu'elle la partage. Remarquez que toujours les prétendues améliorations furent faites dans l'intérêt du pouvoir exécutif; on ne saurait donc se mettre trop en garde contre des innovations qui sapent les fondemens de l'édifice constitutionnel et préparent l'anéantissement de nos droits.

Ces vérités me semblent démontrées jusqu'à l'évidence; mais pour ne laisser aucun doute à cet égard, je ne me bornerai pas à invoquer notre propre expérience; je prouverai que les résultats contre lesquels je veux qu'on se prémunisse, appartiennent à la nature des choses et sont inévitables, si les élections sont soumises à l'action du gouvernement. En effet, lorsque la constitution permet la révision du code électoral par des moyens ordinaires de législation, il arrive nécessairement que le pouvoir électif se trouve contrarié par un ou plusieurs pouvoirs égaux en droits, mais supérieurs en puissance, et qu'alors il lui faut subir les conditions du plus fort. Je pense donc que le pacte fondamental ne peut subir aucune modification, si elle n'est provoquée ou au moins consentie par la nation qui délégue un pouvoir spécial à ses représentans. Si le corps électif, ne trouvant pas assez de garanties dans la constitution, est réduit aux ressources de la législation, il faut désespérer de ses efforts ; les pouvoirs opposés profitent de sa détresse pour diminuer sa puissance ; ils font tourner à leur profit des essais entrepris dans l'intérêt de la nation ; ou bien, par un système combiné de déception, ils proposeront eux-mêmes des changemens dont le but sera d'étendre leur autorité.

Nous avons dit que la représentation devait trouver dans la constitution seule et non ailleurs, les élémens de son organisation et les garanties qui lui sont nécessaires pour lutter avec avantage contre le pouvoir exécutif ; examinons maintenant les principes sur lesquels doit reposer le système électoral.

Avec un bon mode d'élection, on peut obtenir les résultats les plus propres à fonder le bonheur des sociétés : c'est une de ces vérités devenues pratiques dont les gouvernans ne paraissent point assez pénétrés.

L'autorité peut avoir ses charmes, mais comment ceux qui en sont les dépositaires, ne sentent-ils pas que son plus ferme appui se trouve dans la nation dont elle émane et qu'ils marchent à leur perte en méconnaissant des intérêts sur lesquels se fonde leur existence.

Quel déluge de maux n'entraîne pas à sa suite un système électoral, instrument ou jouet du pouvoir. Tout est dénaturé, bouleversé ; le gouvernement représentatif n'existe plus ; la constitution est devenue un vain nom ; la nation se trouve en tutelle ; des réclamations s'élèvent de toutes parts ; l'administration marche hardiment dans le chemin de l'arbitraire, sûre qu'elle est de ne point rencontrer d'obstacles. Un tel état de choses peut amener la dissolution du corps social ; le peuple fatigué de l'oppression s'insurge, et l'anarchie règne en souveraine sur les débris du despotisme. Le pouvoir électif pourrait seul remédier à tant de maux, mais il est annéanti. Cependant tout n'est pas encore perdu pour la chose publique ; il se montre alors des hommes éclairés et courageux qui se dévouent pour le salut des principes : c'est aux peuples à ne pas les confondre avec de misérables ambitieux en proie à leur férocité, qui, semblables aux corbeaux, accourent sur la scène sanglante, pour se repaître de cadavres....

Les peuples, qui sont arrivés à la civilisation, réclament, à grands cris, des gouvernemens représentatifs ; leurs vœux s'expliquent aisément. Le temps n'est plus où les nations étaient sacrifiées à la volonté capricieuse d'un homme ; le génie de la liberté plane aujourd'hui sur le globe entier, le jour de son règne est arrivé : c'est le fruit de la civilisation et des lumières. Le peuple qui, rigoureusement parlant, doit être considéré comme la nation, veut jouir des droits qu'assure l'indépendance, et pour obtenir ce résultat, il se fait représenter. Malheureusement on a dû faire des essais qui, pour la plupart, ont démontré le vice des divers systèmes relativement aux intérêts des masses nationales.

Sans entrer dans l'examen détaillé de la matière électorale et de la matière élective, je dirai que la représentation nationale doit se composer d'élémens fournis par le concours universel des membres de la société ; la qualité de citoyen sera définie ; tous les citoyens, sans exception aucune, seront appelés à nommer des électeurs qui devront offrir de fortes garanties spécifiées dans le pacte fondamental ; les électeurs nommeront ensuite les membres de la représentation, sans qu'aucune condition soit exigée pour ces derniers. Les citoyens sont juges de la qualité de citoyen, les électeurs seront juges de la qualité d'électeur, les représentans seront juges de la qualité de représentant ; c'est, je crois, l'unique moyen d'obtenir une représentation véritablement nationale. Je sais qu'il existe des partisans d'un système opposé ; leur but serait d'agrandir le cercle des électeurs : j'approuve leurs intentions, c'est un hommage qu'ils rendent à la souveraineté du peuple ; mais pour assurer les bons effets de leur système, ils sont forcés de resserrer le cercle des élus, et dès-lors ils restreignent prodigieusement la liberté des votes, en même temps qu'ils privent la représentation d'une foule de citoyens précieux qui ne possèdent pas les diverses conditions d'âge, de cens, ou de toute autre nature, exigées pour l'éligibilité. Il faut observer, en passant, que j'entends par *corps électoral* ou *pouvoir électoral*, la collection des citoyens concourant à l'élection des représentans, c'est-à-dire, non-seulement les électeurs proprement dits, mais encore les citoyens qui les choisissent ; c'est en un mot la nation tout entière exerçant la puissance électorale.

Je suis toujours étonné de voir les gouvernans s'opposer au développement du système représentatif. Le souvenir de la féodalité leur semble un paradis perdu. Que *le bon vieux temps* soit regretté des privilégiés, rien ne nous semble plus naturel; mais ont-ils donc oublié les réactions sanglantes des opprimés sur les oppresseurs; pensent-ils que les peuples qui ont tout sacrifié pour reconquérir leurs droits usurpés, se dessaisiront bénévolement d'un bien qui leur est plus cher que la vie, la liberté; c'est le rêve de l'ambition, de l'injustice et de l'ineptie.

S'il m'était possible d'établir ici la théorie des gouvernemens, on verrait le gouvernement représentatif briller du plus vif éclat; seul il réunirait les avantages qui furent recherchés par les peuples héroïques et les législateurs philosophes. Quels que soient les efforts des détracteurs de ce système, il doit triompher, car il s'appuie sur la liberté, la justice et l'égalité.

J'ai considéré jusqu'ici la représentation nationale dans les élémens qui lui donnent naissance, je vais maintenant examiner les formes
de son organisation et de son existence.

Au commencement de cet écrit, j'ai posé en
principe que la représentation nationale devait
trouver son existence dans la constitution ; j'a-
jouterai qu'elle doit y trouver aussi la vie et le
mouvement. C'est Pallas sortant toute armée du
cerveau de Jupiter. S'il en est autrement, je ne
crains pas d'affirmer que le pouvoir électif est réduit à la nullité. Quoi! dans un gouvernement
représentatif constitutionnel, les représentans
de la nation seront abandonnés à la merci du
pouvoir exécutif? Où seront alors les garanties
du peuple? On ne peut, dira-t-on , se passer
d'un pouvoir qui doit consentir les impôts, soit ;
mais ne peut-il pas arriver, par exemple, qu'au
moyen d'économies dans le trésor public, on en-
treprenne une guerre ou des travaux repoussés
par l'opinion générale. Or, ces économies prou-
vent que le gouvernement a détourné de leur
véritable destination les fonds qui lui ont été
alloués, ou qu'il a trompé les représentans de

la nation, en exigeant des crédits qui n'étaient point indispensables ; il faudrait alors que le pouvoir électif pût s'assembler en vertu de la constitution, pour s'opposer aux déprédations du ministère. Que si les économies, au contraire, ont un motif honorable, le seul usage qu'on en doive faire, est de les appliquer au dégrèvement de l'impôt, sans qu'il soit possible d'en disposer autrement, à moins que d'obtenir le consentement du pouvoir électif.

On peut admettre une autre supposition qui n'est pas simplement spéculative. Si le gouvernement profitait de l'absence de la représentation pour attenter aux droits du peuple, quel serait le remède ? Je pourrais parler de ces circonstances extraordinaires dans lesquelles un peuple peut se trouver placé, de ces crises violentes amenées par les réactions ; c'est alors que l'action du pouvoir électif devient nécessaire, indispensable ; mais pour être efficace, il faut qu'elle puisse se présenter d'elle-même, au moment du danger, comme une digue opposée à l'effort des flots mutinés ; et pense-t-on qu'il en puisse être ainsi, lorsque la représentation n'a de mouvement que celui qui lui est imprimé par un pouvoir souvent opposé. Toujours on a vu le pouvoir exécutif travailler à l'asservissement des représentans de la nation, soit par violence, soit par séduction; il faut donc mettre à profit les leçons de l'expérience et prévenir, par tous les moyens légitimes, une usurpation qui tend à dénaturer, à détruire la représentation nationale.

Les membres du corps électif dévoués à la défense du droit des nations, n'ont pas seulement à craindre les attaques du pouvoir, il leur faut encore lutter contre leurs propres collègues chargés des mêmes intérêts. L'indépendance de la discussion est reconnue comme base des décisions; une majorité qui abuserait de sa force numérique pour paralyser les efforts de l'opposition serait donc une monstruosité parlementaire. Il faut assurer alors qu'il n'y a plus de liberté. Cependant ceux-là mêmes qui ont reconnu et proclamé le principe, peuvent impunément le violer. On n'attaque point de front d'abord, mais on emploie des moyens occultes, des menées sourdes; et bientôt jetant le masque, on frappe la victime à la face d'une nation consternée, dont il semble qu'on veuille provoquer l'énergie. Voilà ce qui doit infailliblement arriver, si la législature se croit autorisée à réformer ou à modifier le système de représentation consacré par la constitution. Le mal sera plus grand encore et, pour ainsi dire, sans remède, si le corps électif seul, exerçant un pouvoir qui n'appartient qu'à la nation, se croit en droit de porter atteinte à son existence dans la personne de ses membres : il y a tout à la fois, homicide, suicide et nationicide. L'inviolabilité n'est plus qu'un vain mot; le gouvernement représentatif n'existe plus; la nation est méconnue.

Le gouvernement représentatif existe en vertu d'un contrat entre les gouvernans et les gouvernés, d'où il suit qu'il doit présenter aux uns et aux autres des garanties respectives. Dans les monarchies surtout, les chefs doivent s'attacher à la stabilité des institutions; or, lorsque ces institutions garantissent les intérêts du plus grand nombre, il y a stabilité nécessaire, rigoureuse; tel est l'avantage du gouvernement re-

présentatif. On doit conclure de là que les en-
nemis de ce gouvernement sont les ennnemis
des peuples et des rois.

Toutefois, il faut reconnaître une vérité, c'est
que le principe primordial du gouvernement représentatif dérive de la souveraineté du peuple.
Cette théorie est consacrée par la plupart des
constitutions, sinon d'une manière formelle,
au moins d'une manière implicite. En effet,
tout pouvoir, quand il n'est point usurpé, prend
sa source dans la volonté générale ; un chef
n'est tel que par l'effet d'une convention expresse ou tacite entre lui et la société qu'il gou-
verne. On contestera vainement ce principe.
Qu'on recherche l'origine des pouvoirs légitimes, et l'on verra qu'ils dérivent tous de la volonté générale, qui n'a pu créer des institutions
contraires à ses intérêts.

Lorsque je dis que dans un pays libre la souveraineté réside dans le peuple, je ne prétends
point que les représentans du peuple doivent
être investis d'une puissance illimitée, puisqu'au
contraire j'ai avancé qu'ils ne pouvaient agir
qu'en vertu du pacte fondamental ; mais je pense

que l'association entière des citoyens, je m'explique, l'association entière aurait le droit incontestable de rompre l'acte d'association, et c'est là que je place la souveraineté du peuple. Mais on sent qu'il est presqu'impossible que l'assentiment unanime puisse exister chez un peuple nombreux ; il faudra donc renoncer à l'universalité des suffrages et recourir, faute de mieux, à la pluralité. Hâtons-nous d'ajouter que le peuple ne doit exercer la souveraineté que par délégation ; de même que le pouvoir électif ne pourra franchir le cercle tracé par la constitution. De cette manière, on n'aura point à redouter l'abus de cette souveraineté dont le nom seul est un épouvantail pour les hommes méticuleux ou pusillanimes. Je crois fortement qu'il serait de l'intérêt du chef, dans les gouvernemens monarchiques, de reconnaître la souveraineté du peuple ; dès-lors les droits réciproques ne seraient plus contestés, toute hostilité cesserait de part et d'autre ; les institutions, qui n'auraient plus en vue que le bonheur de tous, assureraient la stabilité des gouvernemens dans l'intérêt commun des rois et des peuples. En un mot, il faut admettre la souveraineté du peuple, non comme pouvoir actif direct, mais comme base de tous les pouvoirs sociaux.

De ce que j'ai fait sentir la nécessité d'accorder aux représentans le droit de s'assembler de leur propre mouvement d'après la constitution, il suit naturellement que la représentation nationale ne peut être congédiée par la volonté du pouvoir exécutif. Avec un bon système d'élection, vous aurez des représentans sages, éclairés, dont la présence ne doit point inquiéter les dépositaires du pouvoir, si ces derniers marchent franchement dans les voies de la justice. Le pouvoir électif ne peut connaître de supérieur que la loi fondamentale; il s'y conforme sans être soumis à l'action intermédiaire du pouvoir exécutif; autrement, la représentation nationale n'existe plus dans toute sa latitude. Ces dispositions sont surtout rigoureuses, lorsque le peuple exerce le droit de pétition, droit précieux, droit sacré, sans lequel il ne saurait jouir par lui-même d'aucune liberté. Faudra-t-il que le peuple soit privé d'un droit si cher, parce qu'il sera facultatif au gouvernement de pro-

noncer la clôture des travaux du corps électif?
Qu'on réfléchisse qu'il est une foule de réclamations individuelles, sans cesse repoussées par le
pouvoir, qui ne peuvent trouver d'appui qu'au
sein de la représentation. J'ajouterai que j'ai
peine à concevoir comment un pouvoir électif,
sans la participation duquel on ne peut faire de
lois, sera subordonné à un autre pouvoir dans
l'exercice de son droit, lorsque l'un et l'autre
partagent également la puissance législative.
Peut-être doit-on accorder au gouvernement
le droit de dissolution, mais à des conditions
qui seront indiquées plus loin.

Il est une tendance inhérente à l'autorité, qui
consiste à séparer la politique de la morale; de
là ces pernicieuses maximes au moyen desquelles
on parvient à justifier les plus grands attentats.
Tout acte du gouvernement doit reposer sur
l'équité; s'il s'en écarte, il est immoral, impoli-
tique, odieux; on ne s'y soumet qu'en murmu-
rant, et l'autorité n'a plus d'autre ressource que
la violence, qui tôt ou tard rencontre une opposition formelle et provoque l'insurrection.

Quel tableau repoussant et terrible je pour-

rais offrir en rassemblant ici les actes tyranni-
ques que la politique a vainement essayé de dé-
fendre. Si, me bornant à mon sujet, j'invoque les
souvenirs sur les manœuvres machiavéliques di-
rigées contre la représentation nationale, il sera
vrai de dire qu'il est rigoureusement indispensable à la liberté d'un peuple, que la constitution
présente les garanties les plus fortes contre l'action du pouvoir. La politique éloignée de la
morale accueille l'infamie des moyens pour arriver à son but; si vous isolez l'une de l'autre,
il en résultera que, la distinction du juste et de
l'injuste n'existant plus, l'arbitraire marchera
d'un pas ferme et rapide; alors plus d'institutions dignes d'une grande nation.

Il est encore un point de vue sous lequel je
n'ai point envisagé la représentation, je veux
parler de l'initiative. Elle doit appartenir à la fois
au gouvernement et aux représentans du peuple; autrement nous serons réduits à voir dans
la nation un être purement passif, dont l'existence se trouvera perpétuellement compromise.
Pourquoi le pouvoir électif n'aurait-il pas le
droit de faire connaître au gouvernement les

besoins et les vœux du peuple, sans être soumis aux volontés capricieuses du pouvoir exécutif? Quand à la balance des pouvoirs, elle sera d'autant plus parfaite, qu'il se rencontrera des contre-poids mieux assortis. Mais où s'arrêtera la lutte qui viendrait à s'élever entre les deux pouvoirs ; car ils peuvent ne pas toujours marcher d'un commun accord ? La solution est simple et facile : le pouvoir exécutif aura le *refus limité*, le pouvoir électif jouira du *refus absolu*, si mieux on n'aime recourir à l'appel au peuple. Dans tous les cas, il faudra que ces divers modes de procéder pour la confection des lois, soient autorisés par le contrat social ; ils sont placés hors les attributions de la législature. Si le pouvoir exécutif se trouve menacé ; qu'il prononce la dissolution du pouvoir électif ; mais que, par le seul fait de la dissolution, le corps électoral se rassemble aussitôt pour constituer de nouveau la représentation. Les choix du peuple décideront la querelle entre les pouvoirs.

Je n'ai point eu la prétention d'établir la théorie complète du gouvernement représentatif : cette tâche immense qui m'eût entraîné dans la discussion d'une infinité de systèmes, appartient à des hommes supérieurs, et je sens, à cet égard, toute mon insuffisance. Peut-être aurais-je dû parler de l'établissement d'une chambre ou de plusieurs chambres et de leur nature différente ; de la liberté de la presse et de l'institution du jury, ressorts nécessaires au mécanisme du gouvernement représentatif constitutionnel ; mais outre que je me serais éloigné de mon sujet, j'ai cru devoir me borner à l'examen rapide des diverses questions qui se rattachent immédiatement et spécialement à la nature de la représentation nationale ; car, dans mon opinion, le bonheur des peuples et la stabilité des institutions, reposent essentiellement sur un bon système représentatif, lequel ne peut exister s'il ne comporte l'indépendance des électeurs et l'inviolabilité des élus. Il convient surtout de s'attacher à la dernière condition que je crois ne point avoir assez approfondie.

Si l'inviolabilité des élus du peuple n'est pas garantie d'une manière formelle par la constitution, il faut renoncer aux avantages du gouvernement représentatif ; il n'existe plus. Cette assertion doit paraître fort étrange au premier abord, car il est difficile de penser qu'un pouvoir quelconque puisse porter atteinte à l'inviolabilité des représentans , lorsque le pacte fondamental n'attribue ce droit à aucun : cependant c'est ce que l'on a vu de nos jours ; à cet égard, je pourrais en appeler à notre propre expérience. Pour ne point aller puiser des exemples chez d'autres peuples, je rappellerais ce qui s'est passé en France à l'époque de la révolution. N'avons-nous pas vu le pouvoir électif attaqué, mutilé, soit par le pouvoir exécutif, soit par le pouvoir électif lui-même , soit enfin par la réunion de ces deux pouvoirs. Quel droit pouvait-on invoquer pour commettre d'aussi sanglans outrages? aucun ; mais on avait substitué la force au droit, la violence à la justice.

Quand on méconnaît ainsi les principes, quand on ne consulte que son intérêt ou ses passions , les fondemens de l'édifice politique sont ébranlés ; il s'écroule avec fracas ; encore un peu de temps , et le silence des ruines n'est plus interrompu que par la voix sinistre des tombeaux et le cri douloureux des victimes. La liberté seule peut ranimer la cendre des empires. Voilà le langage qu'il faut tenir courageusement aux rois et aux peuples.....

Les gouvernemens représentatifs reposent sur l'opinion publique; sans elle ils ne sauraient exister : ils doivent donc faire en sorte d'obtenir et de conserver l'assentiment, sinon de tous, au moins du plus grand nombre. Que devons-nous penser d'un gouvernement qui ose attenter aux droits du peuple, dans la personne des élus ? La réponse n'est point un problème : il veut détruire le système représentatif; il veut l'anéantissement des libertés publiques et privées. Nous le dirons avec une conviction intime, lorsque le pouvoir électif existe en vertu de la constitution, il ne peut être attaqué, d'une manière quelconque, par aucun pouvoir; car il n'en est aucun au-dessus de la constitution. La réunion même de tous les pouvoirs suprêmes dans un état, n'aurait pas le droit de rien changer à la constitution ; ainsi donc, à plus forte raison, un seul de ces pouvoirs ne saurait exercer cette prérogative.

J'ai particulièrement raisonné jusqu'ici dans

l'hypothèse d'une attaque de la part d'un pouvoir à l'égard d'un autre pouvoir; combien les argumens vont devenir puissans, si j'admets le cas où le pouvoir électif, agissant sur lui-même, commet un véritable suicide politique, dont il doit compte à la nation toute entière.

Et d'abord, voyons quels motifs peut allé-guer le corps électif en faveur d'un acte de vio-lence qui n'est autorisé par aucune disposition du pacte fondamental. La majorité dira qu'elle représente les intérêts nationaux, et partant de ce principe, elle ajoutera qu'elle doit employer tous les moyens de conservation qui ne lui sont pas contestés par la loi. Mais qui ne sait que l'opposition est de l'essence des gouvernemens représentatifs, et que les majorités dont l'exis-tence est souvent éphémère, ne représentent pas toujours la forte partie de la nation. Pous-sant plus loin encore l'oubli des devoirs so-ciaux les plus sacrés, la majorité, ne reconnais-sant aucune juridiction pour elle-même, éta-blira qu'elle a le droit incontestable d'imposer à la minorité le joug de sa prépondérance; en d'autres termes, elle consacrera le droit du plus fort. Et voyez les conséquences d'un tel abus de pouvoir ; elle se constituera juge dans sa propre cause , réunissant ainsi , par une monstruosité politique , législative et judiciaire , des fonctions sans la distinction desquelles il faut renoncer à tout principe, à toute idée de justice. Ma plume se refuse à retracer les maux affreux que peut occasionner la violation des principes. J'ai prononcé 93 avec ses proscriptions et ses massacres juridiques. Ah ! cruel souvenir, tu me fais reculer d'horreur ; ma langue reste muette, mon imagination est glacée, je frémis d'épouvante. Mais j'ai retrouvé mes facultés ; pourquoi faut-il qu'elles soient enchaînées par les familiers de la censure ; il me serait si doux d'élever courageusement la voix en faveur des vertueux Girondins ; je brûle de venger les victimes héroïques du 31 mai. Remettons à des temps plus propices la défense des martyrs de la liberté.....

Je le répète, le pouvoir électif ne possède aucun droit sur ses membres, car un tel droit ne peut exister qu'en vertu de la constitution ; or la constitution ne le consacrera point, puisqu'il serait un attentat contre la souveraineté de la nation, sans l'assentiment de laquelle il ne peut y avoir de véritable constitution.

En résumé : la représentation nationale chez un peuple libre doit trouver dans la constitution seule les élémens de sa formation, de son existence, de son action; elle ne doit, dans aucun cas, sous aucun prétexte, ni pour aucun objet, être subordonnée à la législation ordinaire; il n'appartient à aucun pouvoir d'exercer sur elle une juridiction quelconque; elle existe par le peuple et pour le peuple, en vertu de la constitution; elle ne peut rien changer à la constitution qui n'est point son ouvrage, mais celui de la nation; elle est inviolable dans son intégralité comme dans son individualité, cette condition est expresse et positive; ses attributions sont purement législatives, sans que jamais elle puisse s'arroger l'exercice du pouvoir judiciaire.

Tels sont les principes qui peuvent constituer la véritable représentation. Puissent les peuples libres se pénétrer de cette importante vérité, qu'il ne saurait exister de gouverne-

ment représentatif sans l'indépendance des électeurs et l'inviolabilité des élus. C'est dans ces
deux points fondamentaux du système qu'il faut
placer nos vœux et nos espérances.

En publiant cet écrit, je ne me suis point
dissimulé les difficultés du sujet ; je n'ignore
pas que la science politique est le domaine d'un
petit nombre de citoyens privilégiés ; mais je
n'ai pu résister au désir d'émettre quelques
opinions que je crois utiles à la chose publique.
Livré depuis plusieurs années à l'étude de la
philosophie politique, j'ai fait de profondes
méditations sur la destinée des peuples, et je
suis resté convaincu qu'un gouvernement représentatif qui s'appuierait à la fois sur la liberté, la justice et l'égalité, présenterait seul
quelques consolations à l'humanité, tout en as-
surant les droits des nations et la stabilité des
trônes. Les considérations que je présente au public appartiennent à des questions politiques de
l'ordre le plus élevé, c'est assez dire que je ne
les aurai traitées que fort imparfaitement. Quoi
qu'il en soit, ma conscience m'assure que j'ai
fait une bonne action, puisque je n'ai entre-

pris cet opuscule que dans l'intérêt de l'ordre et de la justice. Mes intentions sont pures, c'est un témoignage que je dois à mes amis, que je me dois à moi-même.

Afin d'éviter, s'il est possible, les faux jugemens que l'on pourrait porter sur ma doctrine, je proteste que, sans approuver tout ce qui est, je ne prétends point attaquer nos institutions. J'ajouterai une dernière observation qui se trouve déjà consignée en tête de ce petit ouvrage, c'est que mes considérations jetées à la hâte sur le papier, sont extraites, en grande partie, d'un travail important sur le régime de la terreur, entrepris depuis long-temps. Au moyen de cette déclaration, j'espère éclairer le public sur mes véritables intentions et me concilier sa bienveillance.

IMPRIMERIE DE GŒTSCHY, RUE LOUIS-LE-GRAND, N° 27.